EM FAMÍLIA

1
EDUCAÇÃO INFANTIL

Editora do Brasil

APRESENTAÇÃO

É preciso uma aldeia para se educar uma criança.

Provérbio africano.

A educação de uma criança é um processo que envolve a família, a escola e toda a sociedade. Trata-se de uma responsabilidade compartilhada por todos nós.

Sabemos que na primeira infância, período que vai do nascimento até os 6 anos de idade, é construído o alicerce para a vida adulta.

Aos pais e demais cuidadores da criança, impõe-se a difícil tarefa de fazer escolhas ao longo desse processo de desenvolvimento, as quais precisam estar permeadas de responsabilidade, amor, criatividade e uma pitada de bom humor.

Buscando fortalecer a parceria entre escola e família, a Coleção Mitanga oferece o *Mitanga em família*, um caderno lúdico e, ao mesmo tempo, informativo, que busca disponibilizar aos pais e demais familiares uma aproximação de temas interessantes e atuais que estão ligados à primeira infância.

Além de textos e atividades para desenvolver com a criança, o material contém sugestões de livros, documentários, filmes e músicas. Também estão reservados, para cada tema abordado, espaços para escrever relatos, colar fotos, desenhar e pintar.

Este material é, portanto, uma obra inacabada e um convite para que os responsáveis pela criança interajam com o assunto e ajudem a construir uma agradável lembrança desta fase tão importante da vida humana.

Acompanhar o processo de desenvolvimento de uma criança é uma tarefa muito empolgante para todos que estão a seu redor. Cada criança é um ser humano único, com sua forma particular de ser e de compreender o mundo social em que vive. Esperamos que as informações e sugestões apresentadas nesta publicação sejam um instrumento de reflexão que contribua para o fortalecimento do vínculo entre pais e filhos, enriquecendo o trabalho desenvolvido no ambiente escolar.

SUMÁRIO

1. Base Nacional Comum Curricular............... **5** a **6**

2. O desenvolvimento da criança................. **7** a **10**

3. A importância do brincar........................... **11** a **14**

4. Brincadeiras para dias de chuva .... **15** a **18**

5. Os contos de fadas .... **19** a **22**

6. Culinária... **23** a **26**

7. Atenção aos eletrônicos .... **27** a **30**

Reflexão final: Para educar um filho................... **31**

Mensagem final dos pais **32**

BASE NACIONAL COMUM CURRICULAR

▶ **Afinal, o que é a BNCC?**

É um documento que define as aprendizagens essenciais que todos os alunos devem desenvolver ao longo das etapas e modalidades da Educação Básica, de modo que tenham assegurados seus direitos de aprendizagem e desenvolvimento, em conformidade com o que preceitua o Plano Nacional de Educação (PNE). Com a homologação desse documento, o Brasil inicia uma nova era na educação e se alinha aos melhores e mais qualificados sistemas educacionais do mundo.

A BNCC foca no desenvolvimento de **competências**, por meio da indicação clara do que os alunos devem "saber" e, sobretudo, do que devem "saber fazer" para resolver as demandas complexas da vida cotidiana, do pleno exercício da cidadania e do mundo do trabalho. Além disso, explicita seu compromisso com a **educação integral**, que visa construir processos educativos que promovam aprendizagens alinhadas às necessidades, possibilidades e interesses dos estudantes, bem como aos desafios da sociedade atual.

> No novo cenário mundial, reconhecer-se em seu contexto histórico e cultural, comunicar-se, ser criativo, analítico-crítico, participativo, aberto ao novo, colaborativo, resiliente, produtivo e responsável requer muito mais do que o acúmulo de informações. Requer o desenvolvimento de competências para **aprender a aprender**, saber lidar com a informação cada vez mais disponível, atuar com discernimento e responsabilidade nos contextos das culturas digitais, aplicar conhecimentos para resolver problemas, ter autonomia para tomar decisões, ser proativo para identificar os dados de uma situação e buscar soluções, conviver e aprender com as diferenças e as diversidades.
>
> BRASIL. Ministério da Educação. Secretaria da Educação. *Base Nacional Comum Curricular*. Brasília: Ministério da Educação, 2018. p. 14.

Quais são os 6 direitos de aprendizagem e desenvolvimento?

EDUCAÇÃO INFANTIL

| Conviver | Brincar | Participar | Explorar | Expressar | Conhecer-se |

5

PRINCIPAIS APRENDIZAGENS PARA A EDUCAÇÃO INFANTIL

Campo: O eu, o outro e o nós
- Respeitar e expressar sentimentos e emoções.
- Atuar em grupo e demonstrar interesse em construir novas relações, respeitando a diversidade e solidarizando-se com os outros.
- Conhecer e respeitar regras de convívio social, manifestando respeito pelo outro.

Campo: Corpo, gestos e movimentos
- Reconhecer a importância de ações e situações do cotidiano que contribuem para o cuidado de sua saúde e a manutenção de ambientes saudáveis.
- Apresentar autonomia nas práticas de higiene, alimentação, vestir-se e no cuidado com seu bem-estar, valorizando o próprio corpo.
- Utilizar o corpo intencionalmente (com criatividade, controle e adequação) como instrumento de interação com o outro e com o meio.
- Coordenar suas habilidades manuais.

Campo: Traços, sons, cores e formas
- Discriminar os diferentes tipos de sons e ritmos e interagir com a música, percebendo-a como forma de expressão individual e coletiva.
- Expressar-se por meio das artes visuais, utilizando diferentes materiais.
- Relacionar-se com o outro empregando gestos, palavras, brincadeiras, jogos, imitações, observações e expressão corporal.

Campo: Espaços, tempos, quantidades, relações e transformações
- Identificar, nomear adequadamente e comparar as propriedades dos objetos, estabelecendo relações entre eles.
- Interagir com o meio ambiente e com fenômenos naturais ou artificiais, demonstrando curiosidade e cuidado com relação a eles.
- Utilizar vocabulário relativo às noções de grandeza (maior, menor, igual etc.), espaço (dentro e fora) e medidas (comprido, curto, grosso, fino) como meio de comunicação de suas experiências.
- Utilizar unidades de medida (dia e noite; dias, semanas, meses e ano) e noções de tempo (presente, passado e futuro; antes, agora e depois) para responder a necessidades e questões do cotidiano.
- Identificar e registrar quantidades por meio de diferentes formas de representação (contagens, desenhos, símbolos, escrita de números, organização de gráficos básicos etc.).

Campo: Escuta, fala, pensamento e imaginação
- Expressar ideias, desejos e sentimentos em distintas situações de interação, por diferentes meios.
- Argumentar e relatar fatos oralmente, em sequência temporal e causal, organizando e adequando sua fala ao contexto em que é produzida.
- Ouvir, compreender, contar, recontar e criar narrativas.
- Conhecer diferentes gêneros e portadores textuais, demonstrando compreensão da função social da escrita e reconhecendo a leitura como fonte de prazer e informação.

BRASIL. Ministério da Educação. Secretaria da Educação. *Base Nacional Comum Curricular*. Brasília: Ministério da Educação, 2018. p. 52-53.

2 O DESENVOLVIMENTO DA CRIANÇA

> A infância não é um tempo,
> não é uma idade,
> uma coleção de memórias.
> A infância é quando ainda
> não é demasiado tarde.
>
> (Mia Couto, 2009).

A partir de 3 anos, a criança começa a formar parte de sua identidade pessoal, deixa de chamar a si mesma pelo nome e passa a utilizar o pronome "eu".

O mundo interno dela está repleto de fantasia e imaginação, a criança passa a enxergar o mundo como desejaria que ele fosse.

Nesta fase, ela começa a ficar mais independente e sociável, é capaz de conversar com um adulto e responder a perguntas simples. É nesta fase também que a criança anseia por novos desafios, já se desloca sem auxílio de um adulto, experimenta ações de comer sozinha, vestir-se e até ajudar em algumas pequenas tarefas de casa.

A curiosidade está muito aflorada e a criança quer explorar o mundo a sua volta. Tudo é espantoso: uma minhoca, um ninho de passarinho, uma flor desabrochando, o zunir das cigarras, o arco-íris, a Lua. É importante que os pais não "amansem" a curiosidade natural das crianças, mas mantenham essa chama sempre acesa, encorajando-as a novas descobertas.

Outro marco desta fase é a aquisição de memória. Por volta dos 3, 4 anos de idade, as áreas responsáveis pela memória amadurecem e começam a ocorrer lembranças.

Para assistir

Alike, de Daniel Martínez Lara e Rafa Cano Méndez (8 min).
Com uma mensagem positiva, o curta-metragem nos lembra da importância da imaginação como caminho para fazer do mundo um lugar mais colorido e feliz. Disponível em: https://vimeo.com/194276412. Acesso em: 11 dez. 2019.

Alike, de Daniel Martínez Lara e Rafa Cano Méndez

▶ Crianças de 3 a 4 anos

Desenvolvimento esperado
- ▼ Aperfeiçoar a linguagem oral.
- ▼ Referir-se a si mesmo como "eu".
- ▼ Socializar com outras crianças.
- ▼ Expressar sua criatividade.
- ▼ Compreender comandos simples.
- ▼ Manifestar curiosidade.
- ▼ Gostar de desenhar.
- ▼ Brincar de faz de conta.
- ▼ Controlar os esfíncteres (sobretudo durante o dia).

Possibilidades de estímulos
- ▼ Encoraje a autonomia e o poder de escolha no dia a dia da criança.
- ▼ Estabeleça pequenas tarefas, como guardar os brinquedos, regar as plantas e ajudar a colocar a mesa antes das refeições.
- ▼ Ofereça brinquedos que estimulem o movimento, como a bola.
- ▼ Faça um cantinho para os livros infantis que seja de fácil acesso para a criança.
- ▼ Entregue materiais para atividades manuais e artísticas, como massa de modelar, giz de cera e tinta.
- ▼ Frequente os parquinhos da cidade.
- ▼ Permita o brincar livre, principalmente, na natureza.

ESB Professional/Shutterstock.com

Prevenção de acidentes

Crianças de 3 a 7 anos

Nesta fase a criança escapa ao estreito controle familiar, seu mundo começa a se ampliar. Tem uma percepção egocêntrica e irreal do seu ambiente, não sendo ainda capaz de aprender noções de segurança. Possui muita energia, curiosidade, movimentação rápida e pequena capacidade de previsão de riscos. O pensamento mágico que acompanha esta faixa etária faz a criança achar que pode cair sem se ferir, como nos desenhos animados.

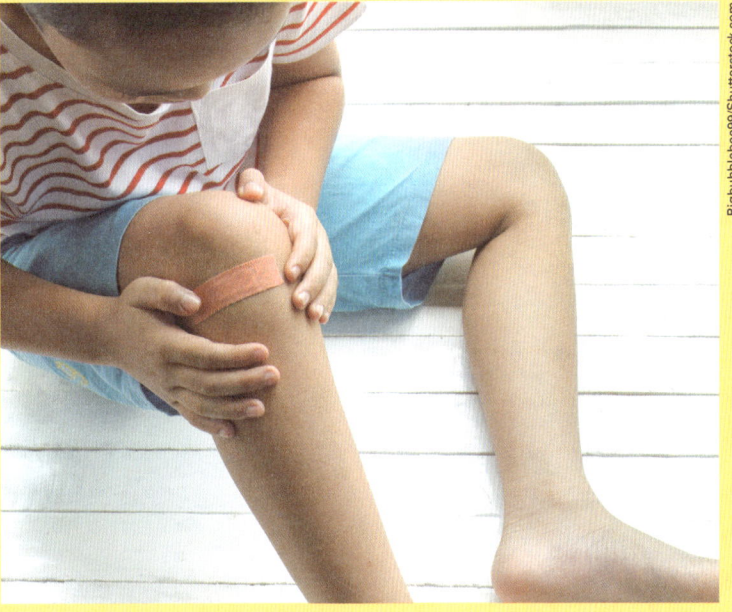

Nesta idade, tem importância os atropelamentos e colisões (acidentes de trânsito), afogamentos (piscinas, tanques, rios, mar e lagos), queimaduras (além das citadas, aquelas com fogos de artifício, fósforos e fogueiras), choques elétricos (aparelhos elétricos, tomadas, fios desencapados), picadas venenosas (aranhas, escorpiões, insetos), mordeduras (animais domésticos), ferimentos (objetos cortantes, armas), traumas (quedas) e intoxicações.

WAKSMAN, Renata Dejtiar; GIKAS, Regina Maria Catucci. Acidentes segundo o desenvolvimento da criança. *Sociedade de Pediatria de São Paulo*, São Paulo, 16 ago. 2017. Disponível em: www.spsp.org.br/2007/08/17/acidentes-segundo-o-desenvolvimento-da-crianca/. Acesso em: 17 fev. 2020.

Para ler

Crianças e adolescentes seguros – Guia completo para prevenção de acidentes e violências, de Renata D. Waksman, Regina M. C. Gikas e Wilson Maciel (coord.) (PubliFolha, 2005).

O livro aborda o tema segurança de maneira ampla, muito além de acidentes domésticos e primeiros socorros.

Para conhecer

Criança Segura Brasil é uma organização não governamental, sem fins lucrativos, de atuação nacional. Sua missão é promover a prevenção de acidentes de crianças e adolescentes até 14 anos de idade. Disponível em: https://criancasegura.org.br/. Acesso em: 21 fev. 2020.

PROPOSTAS DE ATIVIDADES

Comecei o ano assim...

Cole abaixo uma fotografia atual de seu filho.

O que já sei fazer sozinho?

Escreva abaixo algumas conquistas recentes de seu filho.

_____
_____
_____
_____

3 A IMPORTÂNCIA DO BRINCAR

> Brincar é uma necessidade para o desenvolvimento pleno da criança, um direito já previsto em lei e tão importante quanto dormir, se alimentar e outros direitos da criança.

O brincar contribui diretamente com a aprendizagem e o desenvolvimento das crianças e constitui uma oportunidade educativa que vai muito além dos conteúdos curriculares tradicionais.

Nos momentos lúdicos, a criança exterioriza sentimentos, angústias, medos e necessidades. Como ela reage diante de um desafio ou como se sente são alguns dos aspectos que, na maioria das vezes, não são verbalizados e é possível perceber durante o brincar.

É importante que os cuidadores da criança proporcionem momentos nos quais ela possa brincar livremente. Esse brincar não significa que ela tenha de estar sozinha, ela pode interagir com crianças ou adultos, mas quem escolhe, decide e cria a brincadeira é a própria criança, os outros participam seguindo as orientações, explorando o mundo que ela criou.

Outra sugestão é evitar associar o brincar à aquisição de brinquedos. Procure mostrar que brincar de faz de conta ou com objetos simples, do dia a dia da família, pode ser muito divertido e estimulante.

Para se inspirar

Território do Brincar é um trabalho de pesquisa, documentação e sensibilização sobre a cultura da infância brasileira. Disponível em: www.territoriodobrincar.com.br/ e www.youtube.com/channel/UCCJByYzJ3TpL7ty2ydjBxVw. Acessos em: 21 fev. 2020.

Território do Brincar

Dez direitos naturais das crianças

Convidaram-me a participar de um congresso sobre educação, na Itália. Fui. Esperava que fosse igual aos muitos congressos de que já participei: conferencistas famosos, pedagogos, filósofos, professores, educadores, políticos, todos explicando teorias sobre a educação. (...) Mas uma surpresa me aguardava: o congresso estava cheio de crianças. (...)

No congresso distribuíram uma página com os Dez Direito Naturais das Crianças que quero compartilhar com vocês:

1. Direito ao ócio: Toda criança tem o direito de viver momentos de tempo não programado pelos adultos.

2. Direito a sujar-se: Toda criança tem o direito de brincar com a terra, a areia, a água, a lama, as pedras.

3. Direito aos sentidos: Toda criança tem o direito de sentir os gostos e os perfumes oferecidos pela natureza.

4. Direito ao diálogo: Toda criança tem o direito de falar sem ser interrompida, de ser levada a sério nas suas ideias, de ter explicações para suas dúvidas e de escutar uma fala mansa, sem gritos.

5. Direito ao uso das mãos: Toda criança tem o direito de pregar pregos, de cortar e raspar madeira, de lixar, colar, modelar o barro, amarrar barbantes e cordas, de acender o fogo.

6. Direito a um bom início: Toda criança tem o direito de comer alimentos sãos desde o nascimento, de beber água limpa e respirar ar puro.

7. Direito à rua: Toda criança tem o direito de brincar na rua e na praça e de andar livremente pelos caminhos, sem medo de ser atropelada por motoristas que pensam que as vias lhes pertencem.

8. Direito à natureza selvagem: Toda criança tem o direito de construir uma cabana nos bosques, de ter um arbusto onde se esconder e árvores nas quais subir.

9. Direito ao silêncio: Toda criança tem o direito de escutar o rumor do vento, o canto dos pássaros, o murmúrio das águas.

10. Direito à poesia: Toda criança tem o direito de ver o sol nascer e se pôr e de ver as estrelas e a lua.

E aí eu pedi às crianças licença pra acrescentar o décimo primeiro direito:

11. Todo adulto tem direito de ser criança...

ALVES, Rubem. O melhor de tudo são as crianças. *In: Conversas sobre educação*. 12. ed. Campinas: Verus, 2015. p. 29, 32-33.

PROPOSTAS DE ATIVIDADES

Balangandã

Sugerimos a construção de um brinquedo muito divertido que explora diferentes sentidos e habilidades das crianças, o balangandã.

Material:

- ▼ papel crepom de diferentes cores (pode ser substituído por papel de seda ou fitas de cetim);
- ▼ tesoura;
- ▼ jornal;
- ▼ fita adesiva;
- ▼ barbante.

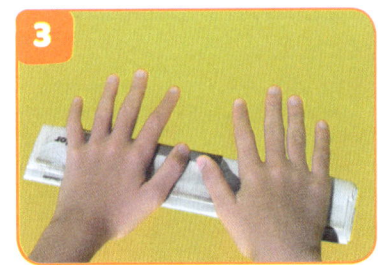

Como fazer

1. Comece enrolando (imagem 2) e dobrando (imagem 3) uma folha de jornal.
2. Corte tiras de papel crepom com aproximadamente 1,3 m de comprimento e 2 cm de largura. Depois, cole-as no jornal dobrado (imagem 4).
3. Faça um rolinho com a tira de jornal (imagem 5).
4. Aperte bem o rolinho e fixe-o com algumas camadas de fita adesiva, de modo que essa extremidade fique bem firme (imagem 6).
5. Amarre o barbante no rolinho de jornal para que você possa segurar o brinquedo (imagem 7).
6. Veja como ficará o balangandã depois de pronto (imagem 8).
7. Experimente girá-lo, jogá-lo para o alto, fazer "cobrinha" etc. (imagem 9).

O balangandã tem origem africana e em seu formato tradicional era usado como amuleto. Composto por vários cordões e elementos pendentes, o balangandã recebeu esse nome pelo som que faz ao ser movimentado. Com base nesse item cultural, surgiu o brinquedo de mesmo nome, em que se prendem várias fitas a um ponto central mais pesado. Ao girá-lo, por meio de uma corda, o efeito visual atrai e diverte. É possível usá-lo em danças, expressões corporais, atividades físicas etc. [...]

SÉRIE do fazer manual: brincando e criando. *In*: REVOLUÇÃO ARTESANAL, São Paulo, [200-]. Disponível em: www.revolucaoartesanal.com.br/serie-do-fazer-manual-brincando-e-criando/. Acesso em: 22 jan. 2020.

Sobre a construção do brinquedo

Como foi a construção do balangandã com seu filho? E a brincadeira? Escreva aqui seus comentários.

_____
_____
_____
_____

Cole aqui uma foto de vocês brincando com o balangandã.

4 BRINCADEIRAS PARA DIAS DE CHUVA

É preciso muita criatividade para garantir a diversão dos pequenos quando o Sol insiste em não aparecer. Veja a seguir algumas sugestões que vão tornar os dias chuvosos inesquecíveis em sua casa!

Cabaninha

Almofadas, lençóis, prendedores e muita criatividade é tudo o que você precisa para sua sala se transformar em um mundo de faz de conta! Convide toda a família para ajudar a montar as cabaninhas e aproveite para trabalhar o senso de equipe e a improvisação.

Depois que tudo estiver montado, que tal preparar um lanchinho bem gostoso e comerem todos juntos dentro da cabaninha? Certamente será muito divertido!

Estimule a criatividade de seu filho sugerindo que invente uma história com personagens que moram em cabanas. Ele pode imaginar tudo o que acontece em uma floresta, por exemplo.

Outra sugestão é deixar o ambiente bem escurinho e brincarem com uma lanterna.

> As casinhas habitadas e construídas por crianças são como ninhos. Um refúgio que dá a possibilidade de entocar-se, esconder-se, fechar-se sobre si mesmo, nessa intimidade assegurada e protegida pelos contornos do pequeno lar.
>
> MEIRELLES, Renata. *Giramundo e outros brinquedos e brincadeiras dos meninos do Brasil*. São Paulo: Terceiro Nome, 2007. p. 140.

Massinha caseira aromática

Massinha de modelar é quase unanimidade entre crianças de 3 e 4 anos. E quando a produção da massinha as envolve, desde a mistura das matérias-primas até o produto final, a brincadeira fica ainda mais interessante! Então, separe os ingredientes e mãos à obra!

Material:

▼ 2 xícaras (chá) de farinha de trigo;
▼ 4 colheres (chá) de sal;
▼ 8 colheres (sopa) de água;
▼ 8 colheres (chá) de óleo vegetal;
▼ 6 a 10 gotas de óleo essencial de lavanda;
▼ corante alimentício de diferentes cores.

Vorobyeva/Shutterstock.com

Como fazer

1. Em uma bacia, despeje a farinha de trigo, a água e o sal e misture bem esses ingredientes.
2. Depois, coloque o óleo vegetal e amasse tudo com as mãos.
3. Coloque algumas gotas de corante e novamente amasse bem.
4. Uma opção interessante é dividir a massa em partes menores e testar diferentes cores.
5. Por fim, coloque algumas gotas do óleo essencial de lavanda.

Hora da diversão

▼ Depois de prontas, convide a criança para brincar com a massinha fazendo diferentes movimentos: furar, espremer, achatar, enrolar, esticar etc.
▼ A massinha caseira é perecível, sua durabilidade é curta, portanto, não a guarde.

PROPOSTAS DE ATIVIDADES

Cole aqui uma foto do que você e seu filho criaram com a massinha.

Brincando com caixas

Para você, uma caixa de papelão pode não ser mais do que uma simples caixa. Mas saiba que para seu filho ela pode ser muitas, muitas coisas incríveis: um carro, um castelo, uma cabana, um fogão, um foguete, enfim, qualquer coisa para onde sua criatividade e imaginação o levarem. As possibilidades de criação são infinitas.

Sabendo disso, fica o convite: Que tal providenciar algumas caixas de papelão e brincar com seu filho? Você pode incluir na brincadeira outros materiais não estruturados, como folhas, pedrinhas, galhos, tampinhas, entre outros.

Oksana Kuzmina/Shutterstock.com

PROPOSTAS DE ATIVIDADES

Cole aqui uma fotografia da brincadeira que você e seu filho criaram.

E por que não a chuva?

Quem nunca ousou brincar na chuva não conhece um dos maiores prazeres que a vida nos proporciona, e de graça!

Se o dia não estiver muito frio e a chuva for amena, sem raios e trovões, não tem com que se preocupar. Se preferir, prepare a capa de chuva e as botas de borracha. Ele vai se molhar, sim, mas também vai se divertir muito, experimentar novas brincadeiras e novas sensações.

Para evitar resfriados, assim que seu filho voltar, deve tomar um banho quentinho. Se quiser deixar o momento ainda mais gostoso, prepare um lanche com um chá ou leite morno para ele repor as energias.

Vivenciar um dia de chuva é inesquecível, além de render boas lembranças e lindas fotos para recordação!

PROPOSTAS DE ATIVIDADES

Escreva quais foram as sensações de tomar um banho de chuva com seu filho.

___
___
___
___

Faça, com ele, um desenho desse momento.

5 OS CONTOS DE FADAS

Os contos de fadas, com a atmosfera de sonho e linguagem simbólica, representam um dos gêneros narrativos mais adequados para se contar a crianças pequenas.

Eles se originaram em tempos muito antigos, e eram contados de geração em geração. O francês Charles Perrault (1628-1703) foi o primeiro a transcrever os contos de fadas. Depois, os irmãos Grimm, Jacob e Wihelm, fizeram um longo trabalho de resgate dessa tradição oral.

A importância dos contos de fada

As histórias de fantasia possuem funções que vão além de encantar quem as ouve. Elas ensinam às crianças valores importantes, como superar problemas como a morte de um ente querido, lutar pela vida, e a separação dos pais. Também são responsáveis por fazê-las perceber lições de moral e a diferença entre bem e mal. Além disso, o tão famoso final feliz mostra que elas devem sempre ter esperança de um futuro melhor.

Os tradicionais contos também colaboram para o desenvolvimento da criatividade e da imaginação, que tornam a criança mais apta a lidar com problemas na idade adulta. A frase de introdução, que começa com "era uma vez" e sempre remete a um reino distante, faz com que a criança seja estimulada a imaginar realidades diferentes das que vive, transmitindo os valores dessa cultura, assim a criança fica mais tolerante a outras culturas. [...]

BASTOS, Marina. Contos de fada: entenda suas características para criar uma história emocionante. *Blog Marina Bastos conta histórias*. São Paulo, 25 set. 2014. Disponível em: https://marinabastos.com.br/contos-fada/. Acesso em: 18 fev. 2020.

Tatiana Bobkova/Shutterstock.com

Veja a seguir duas sugestões de contos de fadas para contar a seu filho.

O mingau doce

Era uma vez uma menininha muito pobre que morava com sua mãe. Um dia, sem nada para comer, ela foi à floresta à procura de comida. Lá, encontrou uma velha que sabia da miséria em que a menininha vivia com a mãe.

Sensibilizada com a situação, a velha lhe deu uma panela que bastava dizer: "Panelinha, cozinhe", que a panela fazia um delicioso mingau doce. Depois, era só dizer: "Pare, panelinha!", que ela parava de cozinhar.

A menina levou o presente para sua mãe e assim ficaram livres de passar fome, pois tinham sempre mingau doce à vontade.

Certo dia, quando a menina havia saído, a mãe disse: "Panelinha, cozinhe!". A panelinha pôs se a fazer o delicioso mingau doce e a mãe comeu, comeu tanto até não aguentar mais. Quando ela quis parar a panelinha, não sabia quais palavras dizer. Então, o mingau começou a se derramar por toda a cozinha, por toda a casa, e nas casas vizinhas, e em toda a rua, como se quisesse alimentar o mundo inteiro. Foi uma bagunça, pois ninguém sabia como parar a panelinha.

Quando faltava apenas uma casa para ser atingida, a menina voltou. Bastou ela dizer "Pare, panelinha!", que a panelinha parou de cozinhar.

Mas todos os que queriam entrar na cidade precisavam abrir caminho comendo o mingau!

Conto dos Irmãos Grimm recontado especialmente para esta obra.

PROPOSTAS DE ATIVIDADES

Que tal você e seu filho ilustrarem essa história?

Polegarzinha

Um belo dia, uma mulher que não conseguia ter filhos recebeu um presente: uma semente. A mulher plantou e esperou que brotasse. Quando a planta deu flores, de dentro dela nasceu uma menina, que a mulher chamou de Polegarzinha. Já que era tão pequenininha. Ela estava feliz, pois finalmente tinha uma filhinha. Cuidava muito bem da menina. Até que um dia, uma rã viu a garotinha e achou que ela daria uma nora perfeita. Então entrou pela janela, roubou Polegarzinha enquanto ela dormia e a levou para o lago. Só que, logo em seguida, um besouro também a achou interessante e a roubou mais uma vez. Os passarinhos, então, ficaram com pena dela e a levaram no bico para longe. E assim foi, até que a menina acabou indo parar no buraco de uma ratazana.

A senhora ratazana ofereceu comida e abrigo a ela e, em troca, Polegarzinha ajudava nos serviços domésticos. Depois de um tempo, a ratazana disse à Polegarzinha: "Você precisa se casar, teremos a visita do senhor toupeira, um homem rico e bom. Ele é cego e precisa de uma esposa que o ampare." A menina não sabia bem o que dizer, mas pensou que seria bom ter a ajuda de alguém, já que também estava desamparada. Ao chegar no buraco da ratazana, o senhor toupeira se apaixonou pela voz da menina e a pediu em casamento. Ficou combinado que a cerimônia seria feita depois que a dona aranha tecesse o vestido de noiva. Polegarzinha não estava muito feliz, mas achava que esse era o jeito...

Um dia viu uma andorinha caída no chão. Ela parecia morta, mesmo assim Polegarzinha cuidou dela e cobriu seu corpo com flores. Quando voltou para casa, descobriu que o vestido finalmente tinha ficado pronto. Agora, a proximidade do casamento tinha começado a angustiá-la e ela não conseguia dormir de tanta tristeza, pois não amava o senhor toupeira. Então, no dia da cerimônia, Polegarzinha tentava esconder seu descontentamento quando, de repente, uma andorinha apareceu voando e levou-a pelo bico. "Achei que você havia morrido, andorinha", a menina falou. "Você me salvou a vida, e agora vou tirá-la daqui. Você pertence a outro lugar", a ave respondeu. Assim, Polegarzinha foi voando para um país encantado, repleto de lindas flores. Dentro da flor mais bela, saiu um rapaz muito bonito, do mesmo tamanho da Polegarzinha. Ele era um príncipe e se apaixonou pela menina. Ofereceu-lhe um outro nome, que tinha mais a ver com aquele lugar, e, feliz, ela passou a se chamar Maia.

ANDERSEN, Hans Christian. Polegarzinha. *In*: CANTON, Katia. *A cozinha encantada dos contos de fadas*. São Paulo: Companhia das Letrinhas, 2015. p. 77.

Se você quer que seus filhos sejam espertos, leia os contos de fadas; se você quer que eles sejam mais inteligentes, leia mais contos de fadas. Quando examino a mim mesmo e meus métodos de pensar, chego à conclusão de que o dom da fantasia significava mais para mim do que qualquer talento do pensamento abstrato e positivo.

Albert Einstein

PROPOSTAS DE ATIVIDADES

E na sua casa? Quais contos de fadas fazem sucesso? Escreva abaixo os preferidos de seu filho.

Shutterstock/ayelet-keshet

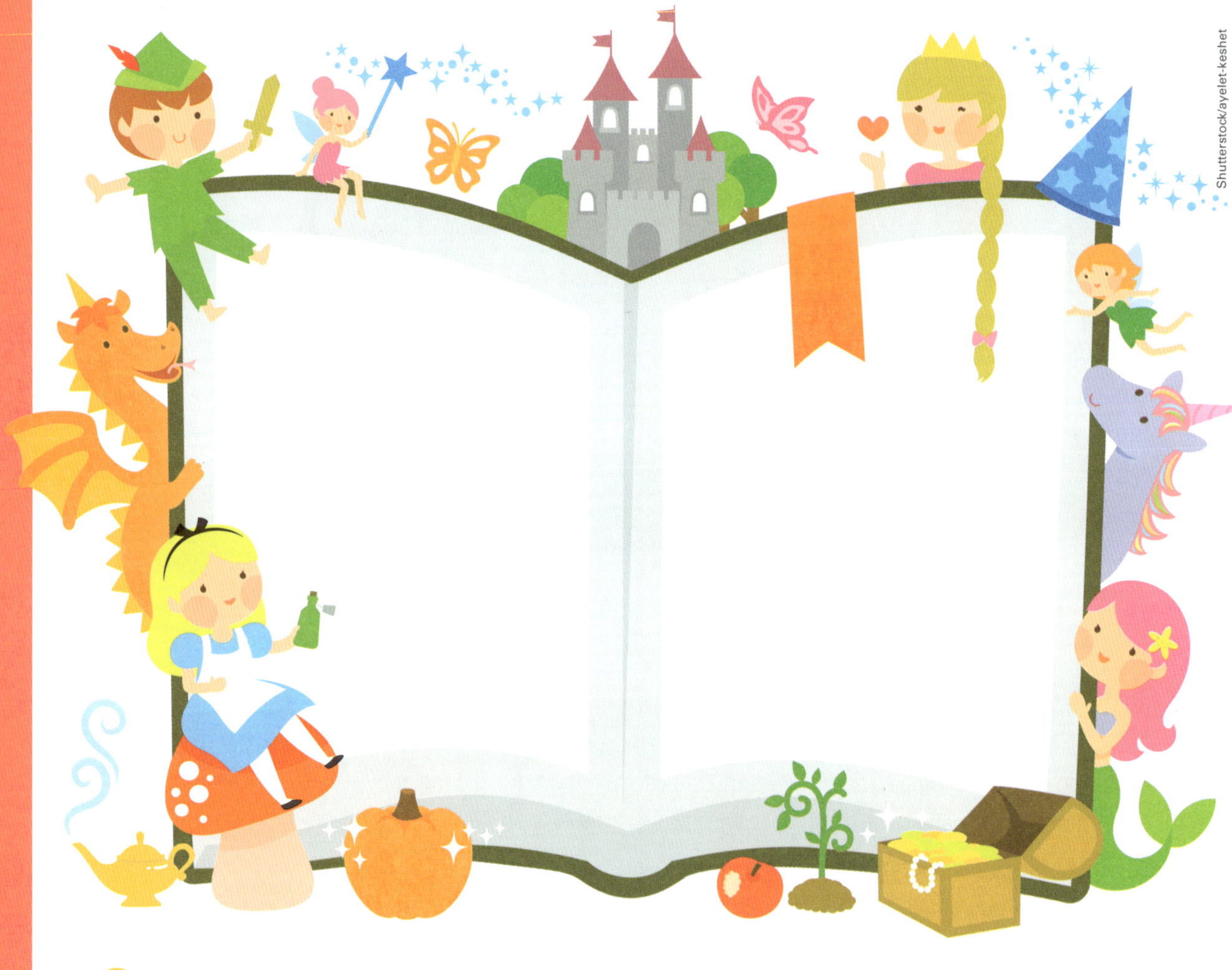

Para ler

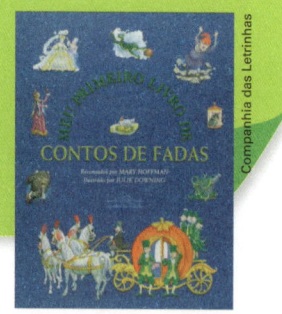

Meu primeiro livro de contos de fadas, de Mary Hoffman (Companhia das Letrinhas, 2003).

Alguns dos mais belos contos de fadas da tradição europeia são narrados de forma poética e divertida.

Companhia das Letrinhas

CULINÁRIA

Mais do que uma tarefa doméstica, cozinhar é um ato de amor.

Você sabia que uma experiência culinária é uma ótima oportunidade de aprendizado? A criança pode despertar para uma alimentação mais saudável e exercitar noções de Matemática (soma de ingredientes, unidades de medidas e contagem de tempo e temperatura); Linguagens (diferentes gêneros textuais e enriquecimento do vocabulário); Ciências (origem e propriedade dos ingredientes e mistura de substâncias e higiene), dentre outros conteúdos. Além, é claro, de ser muito divertido ajudar os adultos na cozinha. Coloquem os aventais e vamos cozinhar!

Para ler

A cozinha encantada dos contos de fadas, de Katia Canton (Companhia das Letrinhas, 2015).

Cozinhar é uma tarefa mágica. Neste livro, a autora reuniu o encanto da culinária com a fantasia dos contos de fadas para apresentar as diversas receitas que aparecem em histórias como Cinderela, Pele de Asno, O Gato de Botas e muitas outras.

Amanda no país das vitaminas, de Leonardo Mendes Cardoso (Editora do Brasil, 2016).

Amanda não gosta de comida. Na hora da fome, seus alimentos favoritos são salgadinhos e outras guloseimas nada saudáveis. Por isso, seu corpo está sofrendo... Faltam vitaminas essenciais para sua saúde. Até que um dia ela vai parar dentro da gaveta da geladeira e, com os legumes e as verduras que lá vivem, descobre algo muito importante para sua alimentação.

Além de príncipes, princesas, sapos, dragões e todo encantamento dos contos de fadas, há outro elemento que está sempre presente nas histórias: a comida. Então, que tal reunir duas atividades deliciosas: a contação de história e a culinária?

Cozinhar pode ser uma experiência mágica! Como cita Katia Canton em seu livro *A cozinha encantada dos contos de fadas* (2016).

> É isso, de repente, a farinha vira bolo, o ovo dá num quindim. As coisas se transformam, ganham brilho, vida e graça. Como num passe de varinha de condão!

PROPOSTAS DE ATIVIDADES

Bolo das fadas

Sugerimos a seguir uma receita baseada em uma história. Lembra-se da Polegarzinha? Pois bem, uma menina tão pequenininha requer um bolo também pequenininho. Vamos fazê-lo?

Ingredientes:

- 3 ovos;
- 50 g de açúcar de confeiteiro;
- 2 colheres (sopa) de leite;
- 1 xícara (chá) de farinha com fermento;
- 1 colher (chá) de essência de baunilha;
- 75 g de manteiga sem sal derretida;
- 50 g de açúcar de confeiteiro;
- 75 g de *cream cheese*;
- confeitos coloridos, granulados e outros ingredientes para decoração.

Camila de Godoy

Modo de preparo

Massa

1. Preaqueça o forno a 180 graus.
2. Com um *fouet*, bata bem os ovos, o açúcar e o leite até a mistura ficar homogênea.
3. Aos poucos, coloque a farinha.
4. Por último, acrescente a essência de baunilha e a manteiga derretida.
5. Misture bem.
6. Unte seis forminhas com manteiga e encha-as com a massa.
7. Leve ao forno por aproximadamente 20 minutos.
8. Desenforme depois que esfriar.

Cobertura

1. Misture o *cream cheese* com o açúcar de confeiteiro até ficar uma pasta homogênea.
2. Espalhe a pasta em cima dos bolinhos.
3. Decore com confeitos coloridos, granulados, frutas e o que mais achar conveniente.
   A receita rende 6 bolinhos.
   Depois de prontos, convide a família para degustar os bolinhos das fadas.

Panquecas coloridas

Outra opção saudável e divertida são as panquecas coloridas. Seu filho gosta de novidades? Que tal fazer essa receita com ele?

Panqueca laranja (cenoura)

Ingredientes:
- 1 xícara de leite
- 2 xícaras de cenoura ralada
- 2 ovos
- 1 xícara de farinha
- 1 colher de sopa de óleo
- 1 colher de café rasa de sal

Modo de fazer

Bater no liquidificador o leite, a cenoura, os ovos, a farinha, o óleo e o sal. Numa frigideira, passar um pouco de manteiga e colocar a massa e fazer as panquecas.

Panqueca rosa (beterraba)

Ingredientes:
- 1 xícara de leite
- 1 ½ xícara de beterraba ralada
- 2 ovos
- 1 xícara de farinha
- 1 colher de sopa de óleo
- 1 colher de café rasa de sal

Modo de fazer

Bater no liquidificador o leite, a beterraba, os ovos, a farinha, o óleo e o sal. Numa frigideira, passar um pouco de manteiga e colocar a massa e fazer as panquecas.

Panqueca do Shrek (espinafre)

Ingredientes:
- 1 xícara de farinha de trigo
- 1 e ½ xícara de leite ou água
- 2 ovos
- Sal a gosto
- 2 xícaras de espinafre cru
- Salsa a gosto

Modo de fazer

Colocar no liquidificador todos os ingredientes. Se ficar muito grossa a massa, coloque mais água ou leite. Coloque cerca de 2 colheres de sopa da massa de cada vez numa frigideira antiaderente e frite por cerca de 2 minutos, ou até parar de borbulhar no meio da massa. Vire e doure do outro lado.

[...]

Sugestões de recheios
- Carne moída colorida: carne moída, cenoura ralada, beterraba ralada, queijo branco picadinho.
- Frango desfiado colorido: frango desfiado, tomate em cubinhos, cenoura ralada, queijo branco picadinho.
- Primavera: legumes variados (espinafre, brócolis, abobrinha, cenoura, tomate e queijo branco.

VUONO, Tati de. Aprenda a fazer panquecas coloridas e nutritivas. *Criança bem nutrida*. [S. l.: s. n.], 6 maio 2014. Disponível em: https://criancabemnutrida.com/2014/05/06/aprenda-a-fazer-6-tipos-de-massas-de-panquecas-coloridas/. Acesso em: 19 fev. 2019.

Para ouvir

Samba pras crianças, de Biscoito Fino e vários artistas. Dez meninos e meninas da ONG Toca o Bonde – Usina da Gente cantam sambas como *Marinheiro só* e *Batuque na cozinha* em uma linguagem acessível e agradável aos ouvidos.

Receita de família

Toda família tem uma receita que tem história para contar e só de pensar dá água na boca. Qual é a receita mais tradicional de sua família? Registre o nome dela abaixo com a ajuda de seu filho.

Escreva um pouco sobre essa receita. Quem a faz? Em que ocasiões?

___
___
___
___
___
___
___
___

7 ATENÇÃO AOS ELETRÔNICOS

O uso de *smartphones*, *tablets* e jogos eletrônicos é muito frequente no dia a dia de crianças, adolescentes e até de bebês.

Segundo a Organização Mundial da Saúde (OMS), crianças de até 5 anos de idade não devem passar mais de 60 minutos por dia em atividades passivas diante de uma tela de *smartphone*, computador ou TV.

Campanha Conecte-se ao que importa/DEDICA–Associação dos Amigos do Hospital de Clínicas/TIF Comunicação

Há benefícios e malefícios que têm acompanhado a tecnologia digital. [...]

Crianças menores de seis anos precisam ser mais protegidas da violência virtual, pois não conseguem separar a fantasia da realidade. Jogos *on-line* com cenas de tiroteios com mortes ou desastres, que ganhem pontos de recompensa como tema principal, não são apropriados em qualquer idade, pois banalizam a violência como sendo aceita para a resolução de conflitos, sem expor a dor ou sofrimento causado às vítimas, contribuem para o aumento da cultura de ódio e intolerância e devem ser proibidos. [...]

Daniel Jedzura/Shutterstock.com

Brincar mais com seu/s filho/s de maneira interativa, olhando, abraçando, sendo parceiro e estando ao lado deles, sempre que precisar, supervisionando e construindo uma relação de confiança, para a vida, juntos. Para isso, não se precisa de telas de televisão, computadores ou celulares ligados! [...]

Lembrar sempre que você como adulto, pai ou mãe, e, com a convivência diária, se torna um modelo de referência para seus filhos. Portanto, deve dar o primeiro exemplo, limitando o seu tempo de trabalho no computador, quando estiver em casa. Desconectar e estar presencialmente com seus filhos. [...]

SOCIEDADE BRASILEIRA DE PEDIATRIA. Saúde de crianças e adolescentes na Era Digital. *Manual de Orientação*: departamento de adolescência. Rio de Janeiro: SBP, n. 1, p. 1, 3, 6, out. 2016. Disponível em: www.sbp.com.br/fileadmin/user_upload/2016/11/19166d-MOrient-Saude-Crian-e-Adolesc.pdf. Acesso em: 19 fev. 2020.

Conecte-se com o que importa!

Não apenas as crianças estão desenvolvendo uma dependência dos aparelhos digitais, como os adultos estão deixando de lado o convívio familiar em detrimento do mundo digital.

Um estudo do Conselho Regional de Medicina do Paraná indicou que 87% das crianças brasileiras se sentem substituídas por um celular. Esse fato já está recebendo o nome de "violência virtual" e também pode ser considerado abuso infantil.

Para a médica pediatra e psicanalista Luci Pfeiffer, doutora em Saúde da Criança e do Adolescente pela UFPR, o vício está generalizado e alcança adultos e crianças, pais e filhos. Ela alerta que o celular e outras mídias estão ocupando o lugar do vínculo familiar, alterando e fazendo mal à formação das crianças, o que pode ser considerado como uma forma de violência contra a infância.

Fontes: Conselho Regional de Medicina do Paraná; Defesa dos Direitos da Criança e do Adolescente (Dedica); Associação dos Amigos do Hospital de Clínicas (AAHC).

Algumas dicas para as crianças lidarem bem com as novas tecnologias

- Não divida o seu *tablet* ou *smartphone* com a criança. Deixe que ela use exclusivamente seu aparelho antigo, por exemplo, apenas com os jogos de que gosta. Desative o *wi-fi*, as redes sociais e o seu *e-mail* – que, nos aparelhos "*touch screen*", podem facilmente ser abertos por um toque. "Assim, ela não chega a conteúdos que não deveria acessar. Libere outros conteúdos aos poucos, conforme a demanda da criança", explica a psicóloga Andrea Jotta, do Núcleo de Pesquisa da Psicologia em Informática (NPPI) da PUC-SP.
- Combine com seu filho os horários em que vai ele vai poder jogar *games* e equilibre o tempo dele com outras atividades: brincadeiras no *playground*, passeios ao ar livre, lição de casa e cursos extras. "Você pode achar que as crianças de hoje em dia são mais espertas, mas isso não significa que são mais maduras emocionalmente", explica o psicólogo Marcelo Neumann, professor da Universidade Presbiteriana Mackenzie. "Os *joysticks* e os teclados podem até estimular a coordenação motora, mas o escorregador e o balanço do parquinho ajudam na psicomotricidade global", diz. [...]
- Apesar de ser irresistível usar *tablets* e *smartphones* como "babás", esse hábito deve ser evitado e usado como exceção – como quando você precisa terminar um trabalho ou seu filho não fica quieto no restaurante de jeito nenhum. Nessas ocasiões, também vale ter outras opções à mão, como brinquedos, livros, papel e lápis de cor. Assim é possível não exagerar no uso dos *gadgets*.
- Avise também aos avós, tios e à babá para que não façam o mesmo quando estiverem com a criança. O ideal é que os aparelhos sejam ferramentas que você também possa acessar junto com a criança – e não algo para distraí-la. [...]
- Assim como você sabe os desenhos animados que a criança assiste na TV, é preciso saber qual é o conteúdo que ela acessa nos *tablets*. "É preciso garimpar entre tantas opções e se informar sobre quais são os melhores", diz Maria Claudia Brígido, criadora do *site iPad* Família e mãe de Isabel, 4 anos. [...]

TINTI, Simone. 10 dicas para o seu filho lidar bem com as novas tecnologias. *Crescer*, São Paulo, 18 set. 2013. Disponível em: https://revistacrescer.globo.com/Crescer-Inteligente-por-Sustagen-Nutriferro/noticia/2013/09/10-dicas-para-o-seu-filho-lidar-bem-com-novas-tecnologias.html. Acesso em: 19 fev. 2020.

PROPOSTAS DE ATIVIDADES

Uso de eletrônicos na família

Como sua família lida com os eletrônicos? Para auxiliar na análise, sugerimos que os pais e outros cuidadores façam os seguintes questionamentos:

- ▼ O tempo diante de telas de aparelhos na minha casa é controlado?
- ▼ O uso dessas telas substitui as horas de lazer?
- ▼ O uso desses aparelhos interfere no sono da família?
- ▼ Nós utilizamos eletrônicos durante as refeições?
- ▼ Eu sinto que deveria passar menos tempo no celular?

Faça um pequeno texto relatando como é o uso de eletrônicos em sua casa, com sua família, e de que forma vocês podem tornar esse uso mais adequado.

REFLEXÃO FINAL: PARA EDUCAR UM FILHO

Era uma sessão de terapia. "Não tenho tempo para educar a minha filha", ela disse. Um psicanalista ortodoxo tomaria essa deixa como um caminho para a exploração do inconsciente da cliente. Ali estava um fio solto no tecido da ansiedade materna. Era só puxar um fio... Culpa. Ansiedade e culpa nos levariam para os sinistros subterrâneos da alma. Mas eu nunca fui ortodoxo. Sempre caminhei ao contrário na religião, na psicanálise, na universidade, na política, o que me tem valido não poucas complicações. O fato é que eu tenho um lado bruto, igual àquele do Analista de Bagé. Não puxei o fio solto dela. Ofereci-lhe meu próprio fio. "Eu nunca eduquei meus filhos...", eu disse. Ela fez uma pausa perplexa. Deve ter pensado: "Mas que psicanalista é esse que não educa os seus filhos?". "Nunca educou seus filhos?", perguntou. Respondi: "Não, nunca. Eu só vivi com eles". Essa memória antiga saiu da sombra quando uma jornalista, que preparava um artigo dirigido aos pais, me perguntou: "Que conselho o senhor daria aos pais?". Respondi: "Nenhum. Não dou conselhos. Apenas diria: a infância é muito curta. Muito mais cedo do que se imagina os filhos crescerão e baterão as asas. Já não nos darão ouvidos. Já não serão nossos. No curto tempo da infância há apenas uma coisa a ser feita: viver com eles, viver gostoso com eles. Sem currículo. A vida é o currículo. Vivendo juntos, pais e filhos aprendem. A coisa mais importante a ser aprendida nada tem a ver com informações. Conheço pessoas bem informadas que são idiotas perfeitos. O que se ensina é o espaço manso e curioso que é criado pela relação lúdica entre pais e filhos". Ensina-se um mundo! Vi, numa manhã de sábado, num parquinho, uma cena triste: um pai levara o filho para brincar. Com a mão esquerda empurrava o balanço. Com a mão direita segurava o jornal que estava lendo... Em poucos anos, sua mão esquerda estará vazia. Em compensação, ele terá duas mãos para segurar o jornal".

ALVES, Rubem. *Ostra feliz não faz pérola*. 2. ed. São Paulo: Planeta, 2014. p. 113-114.

MENSAGEM FINAL DOS PAIS

_____
_____
_____
_____
_____
_____
_____
_____
_____